LE
LORGNON POLITIQUE.

IMPRIMERIE DE E. DUVÉRGER,
rue de Verneuil, n. 4.

LE LORGNON

POLITIQUE.

PAR G.-L. PSYCOSCOPE.

PARIS,

JANET ET COTELLE, LIBRAIRES,

RUE SAINT-HONORÉ, N° 123, HÔTEL D'ALIGRE.

AVRIL **1834.**

LE
LORGNON POLITIQUE.

———◆———

Connaître à fond le cœur de l'homme, démêler dans ses discours, dans ses actions, sa véritable pensée, sont choses bien difficiles, pour ne pas dire à peu près impossibles. La duplicité du cœur humain est si grande, nous sommes agités par tant de passions qui changent et obstruent ce qu'il y a de passable dans notre pauvre enveloppe, que nous sommes obligés de nous tenir continuellement en garde les uns contre les autres, sous peine de faire en toute occasion le métier de dupes.

Voilà les tristes réflexions auxquelles je me livre journellement. Elles ont bien pour effet de me rendre tant soit peu misanthrope et de me mettre en défiance contre tous les beaux dévouemens, les protestations de sincérité dont je suis rebattu chaque jour, et qui me tintent incessamment aux oreilles.

Cependant, quelque bien averti que l'on soit, on ne peut être continuellement sur la défensive, et fort souvent on est pris lorsqu'on s'y attend le moins. Les momens où je me tiens particulièrement sur mes gardes sont ceux de la lecture du journal ; là toutes mes batteries sont disposées, toutes mes sentinelles sont sur le qui vive ; je me crois inexpugnable et capable de résister à toutes les attaques. Vaine illusion ! On me lit un discours mousseux de sentimens patriotiques ; le mot de liberté y sonne à chaque alinéa, tel court qu'il soit. Les intérêts populaires, rien que les intérêts populaires! le bien-être des masses! la nation régénérée! tout cela me subjugue, j'oublie mes moyens de défense, j'admire avec extase, je suis envahi, je me rends à discrétion, pieds et poings liés.

Il faut vous dire qu'une chose contribue à ajouter au prestige; j'ai un voisin, un excellent voisin, qui lit très bien; cela aide beaucoup à la fascination. Il me rend le service de venir tous les matins chez moi pour me faire la lecture du journal auquel nous sommes abonnés conjointement. C'est un véritable acte de dévouement de sa part, car il me serait impossible de lire moi-même, à cause de la faiblesse extrême de ma vue, douze grandes colonnes imprimées en caractères microscopiques. Mais comme on ne peut pas continuellement abuser de la complaisance et des poumons de l'amitié, j'ai pris le parti de me procurer une paire de lunettes bien en harmonie avec ma vue.

Après avoir parcouru force boutiques d'opticiens sans trouver ce que je cherchais, j'entre chez un marchand dont la maison, de mince apparence, occupe à peu près le milieu du quai des Lunettes. J'essaie des verres de toute espèce, des conserves, des binocles, etc.; rien ne pouvait me satisfaire. Enfin, j'allais me retirer désespéré de mes recherches infructueuses, quand mon vieil astronome, je devrais plutôt dire astrologue, me dit : Monsieur, j'ai bien envie de vous proposer quelque chose que vous ne trouverez pas sans mérite, et que je me garderais bien de produire au grand jour, si nous ne vivions pas dans un siècle aussi éclairé; car il y a seulement cent ans, j'aurais craint de subir le sort du pauvre Urbain Grandier.

A ces mots je me rapprochai de mon homme et je l'examinai avec une vive attention; il produisit sur moi un effet très singulier. Figurez-vous un petit vieillard de cinq

...eds environ, sec, droit comme un cierge, la tête chauve, garnie çà et là de quelques cheveux qui cessaient d'être roux sans cependant être encore blancs, le front fortement sillonné de rides, des yeux petits et perçans à moitié couverts de sourcils épais et très arqués, dont les extrémités venaient se joindre au-dessus d'un nez long et pointu; une bouche large, privée de dents, grimaçant un sourire sardonique; enfin, une figure qui irait parfaitement bien à un de ces hommes qui jouaient autrefois le rôle tant soit peu chanceux de sorciers. L'examen que je fis de sa figure et de sa personne ne lui fut pas favorable, et j'hésitai même un instant à lui faire une réponse.

Voyant mon air embarrassé, il s'excusa de son indiscrétion et remit dans la poche d'un gilet brun, dont le temps avait modifié la couleur dans les parties qui s'étaient trouvées le plus en contact avec l'air atmosphérique de sa boutique enfumée, le bijou qu'il en avait tiré avec une espèce de mystère.

Le premier effet de la surprise une fois passé, la curiosité prit le dessus; son mouvement me contraria; je l'arrêtai, et lui dis que je tenais à connaître l'objet auquel il semblait attacher une grande importance. J'en ferai, lui dis-je, très volontiers l'acquisition, si je lui reconnais un but d'utilité réelle.

Je consens volontiers à céder à votre désir, me dit-il, puisque c'est moi qui ai fait les avances; mais auparavant de conclure notre marché, il faut que je vous fasse quelques questions.

—Lisez-vous quelquefois des romans?—Jamais.—Vous allez sans doute au spectacle?— Oui, de temps à autre; mais je suis difficile, car je suis encore un peu classique. —Alors je vois que vous fréquentez rarement nos théâtres.

—C'est vrai, si vous appelez théâtres certains lieux publics où on se réunit, et quelquefois en foule, pour voir des scènes dégoûtantes de cour d'assises mises en action, des proverbes de place de Grève et d'abattoir; pour entendre prêcher une morale puisée dans les bagnes et les maisons de réclusion, où les mœurs sont estropiées à l'égal du bon sens par des auteurs que, dans ma jeunesse, l'intendant de police aurait fait mettre au pilori. — Ainsi, Monsieur, vous ne lisez pas nos romans du jour plus que vous ne connaissez nos théâtres depuis quelques années ? j'en suis fâché pour vous, car vous ne comprendrez pas de suite l'importance de l'objet que je vous propose. Il faut donc que j'entre avec vous dans certaines explications.

Deux de mes confrères ont fabriqué depuis peu de temps des instrumens ayant pour base l'optique; ils les ont vendus, l'un à une dame d'esprit qui en a tiré un bon parti, c'est un fait que son libraire pourra vous certifier; l'autre à un auteur dramatique qui, avec son secours, a amusé le public et procuré au théâtre pour lequel il travaille quelques recettes dont le caissier a eu lieu d'être satisfait.

Le succès de mes confrères m'a donné de l'émulation. J'ai voulu faire comme eux, je me suis mis à l'œuvre, et j'ai réussi assez bien. Je sens que mon travail est loin d'être parfait; il ne me donnera pas une réputation brillante, mais je crois que si les autres ont fait plaisir, moi j'aurai l'avantage de ne pas être inutile. Combien de gens ont le défaut contraire !

J'ai nommé l'instrument que je vous présente un *lorgnon politique*. Il n'est pas nécessaire que je vous en explique l'usage; si vous voulez vous donner la peine d'entrer dans mon arrière-boutique, vous trouverez un journal,, vous en ferez la lecture à l'aide de cet instrument, et vous comprendrez seul le mécanisme de cette pièce.

Empressé de goûter les jouissances qui m'étaient promises, je saisis le journal; c'était justement le même que celui dont on m'avait fait le matin la lecture. Je braque mon lorgnon, je le parcours rapidement, mais non sans faire grand nombre d'exclamations dont mon malin marchand jouissait de tout son cœur. Mon épreuve une fois faite, je ne fis aucune difficulté sur le prix qui m'était demandé; je payai et je rentrai chez moi ravi de mon acquisition qui me promettait des jouissances merveilleuses.

Je reprends mon journal, je m'installe au coin de mon feu, et je lis quelques discours prononcés dans une réunion composée d'hommes dont les opinions ne sont pas homogènes.

Un orateur: « Citoyens, je n'avais pas d'abord l'intention de prendre la parole dans cette discussion, parce que je reconnais malgré moi mon peu de capacité; mais vous le savez, citoyens, quand une fois on est, comme moi, engagé dans un parti, qu'on est lié à lui par des promesses, on est dans l'obligation de subir ses exigences. Je vais exciter votre impatience avec des paradoxes plus faux les uns que les autres, et dont l'absurdité va révolter vos oreilles autant qu'ils répugnent à la conscience d'un homme de bien.

« Je sais que je suis engagé dans une voie qui peut être funeste, que le triomphe du pacte auquel je me suis voué par ambition peut compromettre, pour de longues années, le pays que je devrais servir; mais, que voulez-vous? il faut que j'avance, que je soutienne ce que j'ai mis en avant, que je sois *jacobin* au besoin.

« Vous êtes tous bien convaincus, citoyens, que mon

grand désir est d'acquérir de la popularité à tout prix, que c'est chez moi un besoin tel que le sang même ne me ferait pas reculer. Loin de moi toute idée de modération ; elle ne pourrait me tirer de l'oubli auquel j'étais destiné ; ma médiocrité me minait, elle m'aurait tué, j'ai agi de manière à ne pas mourir dans l'oubli ; je me suis fait chef de parti. Par-là j'ai acquis une certaine popularité qui ne serait pas du goût de tout le monde ; mais je me suis fait connaître. Je suis républicain, parce que j'ai l'espoir que cela pourra m'être utile un jour ; mes honorables amis n'ont pas d'autres vues, d'autres pensées que les miennes. (Adhésion de la part de quelques personnes.)

« Ne croyez pas, citoyens, que ma détermination soit basée sur le mépris que j'éprouve pour le chef du gouvernement ; que je pense tout le mal que j'en dis et que j'en dirais si je ne craignais de me compromettre ; bien au contraire ; je l'estime du fond de mon cœur, je rends justice à ses vertus civiques, à sa bonne foi politique. Mais si j'en parlais avec éloge, si je ne le calomniais pas, si je ne cherchais pas à le rendre odieux au peuple, comment voudriez-vous que mes amis et moi nous puissions renverser son trône qui nous désespère, qui nous ferme le passage, qui arrête notre essor républicain ?

« Attaquer les ministres n'est pas suffisant pour nous ; c'est bon pour des hommes plus capables et plus dignes, qui, en les renversant, ont l'espoir de les remplacer. Mais moi, citoyens, je ne puis me fonder que sur une masse imbécile et crédule ; je n'aurai de pouvoir que quand elle sera maîtresse de la rue et qu'elle aura balayé tout ce que la France a d'éclairé et de respectable.

« Croyez-vous bonnement que nous sommes soigneux des intérêts du peuple, parce que ces mots sont continuel-

lement dans notre bouche? détrompez-vous! Nous les met-
tons en avant, parce qu'il faut, pour soulever et renverser
le gouvernement, appuyer son levier sur une masse com-
pacte. Les fanatiques et les sots nous croient et nous ai-
dent, les autres nous servent, parce qu'ils savent où nous
voulons aller et qu'ils n'ont rien à perdre quelle que soit
l'issue de la lutte que nous tentons d'engager.

« Aussi une fois maîtres de la place, la proscription frap-
perait les antagonistes du pouvoir qui veulent conserver le
chef de l'État tout aussi bien que ceux qui se montrent
aujourd'hui ses plus zélés défenseurs. Nous nous installe-
rions en vainqueurs qui savent s'enrichir des dépouilles des
vaincus et en foulant aux pieds les imbéciles qui nous au-
raient servi de degrés pour y parvenir. La force seule pourrait nous enlever le pouvoir que la force aurait mis entre
nos mains. »

Je ne pouvais revenir de ma surprise en lisant ce singulier discours. Mon étonnement redoubla lorsque, avec *le
seul secours de mes yeux*, je relus les derniers passages
ainsi conçus :

« Messieurs, une grande pensée nous domine ; le bien
public, le soulagement de toutes les misères, la grandeur
de la nation, la liberté européenne! C'est à nous de con-
sommer ce grand œuvre, et cela sans secousses, sans pro-
scriptions, par le seul fait du pouvoir de la vérité ; mais
nous n'y parviendrons que quand vous serez animés des
sentimens généreux qui battent dans nos cœurs véritable-
ment français.

« Accordez au peuple la liberté qu'il réclame à grands
cris ; cessez de le priver de ses droits imprescriptibles et
sacrés de participer au pouvoir, de nommer, non-seule-
ment les hommes qui font les lois, mais encore ceux qui

prennent part au gouvernement. Députés, ministres, fonc-
tionnaires, que tout émane du peuple; qu'il soit heureux
et libre, et alors, fiers du succès que nous aurons obtenu,
nous quitterons l'arène politique pour vivre en paix dans
le sein du peuple et nous livrer au travail qui honore
l'homme et lui procure une existence douce et paisible
(Sympathie dans une petite partie de la salle). »

Autre orateur. Je reprends mon lorgnon.

« Messieurs, l'orateur que vous venez d'entendre nous
a mis sur le terrain des professions de foi. Certaines paroles contenues dans son discours me font une nécessité de
vous entretenir de ma pensée qui est aussi celle de quelques-
unes des personnes qui assistent à cette réunion.

« Déjà plus d'une fois, messieurs, nous avons fait connaître le fond de notre pensée ; vous êtes bien convaincus
que nous sommes loin d'adopter les principes que professe
la république, quoique rarement nous osions lui rompre en
visière. Si, comme ses partisans, nous prêchons la liberté
presque illimitée, si nous penchons tant soit peu vers la
propagande, nous répudions toute idée de changement
dans la forme du gouvernement; la dynastie régnante, telle
est notre devise; nous la respectons, mais voilà tout. Les
institutions qui l'entourent ne sont pas à notre hauteur;
elles sont trop loin du *fameux programme* dont on a
tant parlé, que je n'ai jamais vu, il est vrai, et que, pour
vous parler avec franchise, personne n'a vu plus que
moi.

« Nous flattons la jeunesse qui a de l'enthousiasme,
parce qu'elle peut nous être utile. Nous avons besoin de
marchepied pour arriver au pouvoir; elle peut nous en
servir. Nous sentons tous l'impossibilité de mettre nos
théories en pratique, nous en connaissons le danger; mais

elles sont en opposition avec la marche du gouvernement, et par ce seul motif nous devons y tenir.

« Notre raisonnement est simple, vous allez le concevoir. Pour enlever à quelqu'un la confiance qu'il a gagnée dans l'esprit d'un autre, il faut réussir à prouver ou du moins à faire croire qu'elle est mal acquise; que celui qui en est l'objet trompe ou se trompe. Il faut se faire prévaloir, et, si on n'y parvient pas d'un seul coup, retourner les questions sur toutes les faces, faire d'abord germer ses idées et ne se donner de relâche que quand elles ont pris un accroissement tel qu'il n'y a plus moyen d'y échapper.

« Voilà, messieurs, tout notre secret.

« Maintenant n'allez pas croire que, si nous parvenions à triompher, nous agirions autrement que les hommes placés actuellement au pouvoir; vous tomberiez dans une grave erreur. Notre conduite serait exactement la sienne, parce que nous trouvons qu'elle est juste et rationnelle et qu'elle nous aurait déjà donné les plus beaux résultats si nous n'avions pas été constamment en lutte contre lui. Nous avouerons même avec franchise que l'appui indirect que nous donnons chaque jour aux passions de la rue est un fléau terrible pour l'État et la nation. Notre conduite est blâmable en cela, car elle favorise tout ce qui tend à porter la perturbation dans le commerce et l'industrie, à entraver toutes les transactions. Nous en sommes peinés au fond du cœur, mais c'est une triste conséquence de notre position. Laissez-nous la changer, laissez-nous parvenir à notre but et nous vous promettons de vous rendre, si nous le pouvons, la tranquillité après laquelle vous soupirez depuis quatre années.

« Si le gouvernement trouve aujourd'hui les armes qu'il a entre les mains trop faibles pour combattre l'anarchie et la terrasser; si des lois nouvelles deviennent des nécessités, c'est nous qui en sommes causes par le malheureux encouragement que nous donnons au désordre pour lequel nous trouvons toujours des argumens favorables, tandis que nous blâmons le gouvernement, quelles que soient les mesures qu'il adopte pour le réprimer et anéantir les factions.

« Vous avez deviné notre tactique, messieurs, j'en suis convaincu; au surplus je vais vous la faire connaître. Nous disons : Tant qu'il y a du trouble et des émeutes, c'est que le peuple souffre; s'il souffre, c'est que le pouvoir est dans de mauvaises mains, c'est que le gouvernement est inhabile à guérir la plaie. On commet des fautes qui tendent à compromettre l'avenir de la nation, et si on suivait une autre marche tout irait mieux nécessairement. Donc tout irait mieux si nous étions au pouvoir, puisque nous suivrions une autre marche. Donc il faut changer les hommes qui gouvernent pour nous mettre à leur place, c'est clair! (Une quarantaine de personnes: bravo! bravo!). »

Quand j'eus terminé cette lecture, je jetai mon journal avec mauvaise humeur et me livrai à mes réflexions misanthropiques. Voilà donc les hommes! m'écriai-je. Qu'il est triste de les voir dépouillés du manteau dont ils se couvrent pour cacher leurs desseins ambitieux. Il faut que la puissance ait bien de l'attrait pour que des hommes d'honneur dont la vie privée est pure s'abaissent au mensonge, s'abandonnent à leurs passions pour parvenir à arracher quelques lambeaux d'un pouvoir dont ils ne pourraient jamais jouir paisiblement et qui peut-être compromettrait leur repos, leur fortune et jusqu'à leur existence.

Mais je viens de juger des factieux et des mécontens; je ne dois pas en rester là, mon épreuve ne serait pas complète. Remontons plus haut, faisons une expérience sur des députés, sur des dépositaires du pouvoir, et voyons si là nous trouverons aussi le mensonge et la duplicité. Prenons au hasard.

Un ministre à la tribune de la Chambre des Députés : « Messieurs, on m'a accusé d'avoir appelé *quasi-légiti-mité* le gouvernement de juillet ; c'est à tort et je le nie formellement ; je le regarde, au contraire, comme pleine-ment légitime, comme le gouvernement le plus légitime, car il a été l'œuvre de la raison publique ; c'est le *seul* pos-sible, le *seul* bon, le *seul* légitime pour la France. Je sais qu'il y a des gens qui ne pensent pas ainsi et ne veulent faire honneur à la révolution de juillet que de la portion insurrectionnelle, du renversement de Charles X; ce sont ceux-là qui m'attaquent. Pour moi, je l'accepte dans tout ce qu'elle a eu de monarchique, comme dans ce qu'elle a eu de libéral ; j'honore, j'admire la justesse d'esprit avec laquelle la France tout entière a sur-le-champ reconnu, accepté le seul gouvernement qui pût faire son salut. Et la dignité nationale comme la dignité du roi sont intéres-sées à ce que ce grand événement conserve dans l'esprit de tous son vrai et complet caractère.

« Nous avons changé une dynastie reconnue incapable de nous gouverner. Nous avons, à cette occasion, dans cette nécessité, apporté d'importantes modifications aux institutions qui nous régissaient, nous avons profondé-ment *modifié* la charte; et en faisant ces deux choses, nous avons fait un grand acte de volonté et de puissance nationale, un de ces actes qui coûtent cher aux peuples, mais qui les glorifient dans l'histoire.

« Voilà ce qu'a fait la révolution française. Mais une fois cette tâche accomplie, une plus dure a été imposée à la politique des organes du pouvoir. Lutter, d'une part, contre l'absolutisme et le privilége, ses anciens ennemis, et de l'autre, contre les idées, les passions, les intérêts anarchiques déchaînés contre elle; voilà la position dans laquelle la révolution s'est trouvée placée, situation naturelle, inévitable, situation dont nous tentons de faire sortir le pays.

« En effet, messieurs, qu'avons-nous fait depuis plus de trois ans pour parvenir au but si désiré? Nous avons laissé la liberté à tout le monde, à tous les partis, à toutes les opinions. Il le fallait, car pour que la liberté soit réelle dans un pays, il faut la liberté des hommes raisonnables aussi bien que celle des hommes ardens. Nous avons fait de l'ordre, de la sécurité, le but principal de notre politique; nous nous sommes efforcés de les ramener promptement dans notre société. Mais, pour atteindre ce but, nous avons eu confiance dans nos institutions, dans nos libertés, et c'est avec nos institutions et nos libertés que nous avons triomphé et que la politique du juste-milieu a prévalu contre toutes les autres.

« Notre tâche, jusqu'à ce jour, n'a pas été sans quelque difficulté, mais nous l'accomplirons tout entière, messieurs, nous en avons la confiance, et nous le ferons avec d'autant plus de persévérance que le but auquel nous voulons atteindre est digne de notre ambition, la gloire et le bonheur de la nation. »

C'est bien, très bien. Allons, tous les hommes ne se ressemblent pas, et si l'ambition dénature quelquefois les bonnes qualités de ceux qu'elle tourmente, l'amour du bien public peut être le mobile des actions des dépositaires du pouvoir. Mais, continuons notre expérience, voyons encore.

Un député. « Messieurs, il n'y a pas de mot plus ab-
solu que le mot de *légitimité* aux yeux de ceux qui pro-
fessent ce dogme ; dans le sens de nos adversaires politiques, c'est quand on en approche le plus qu'on en est
réellement le plus loin. Le duc d'Orléans, parent de la
dynastie déchue, et ancien membre de la branche régnante, est plus criminel à leurs yeux que ne le serait tel
ou tel soldat empereur ou usurpateur. C'est là notre pre-
mière garantie, la haine du parti légitimiste qui, depuis
quarante ans, *déteste* la maison d'Orléans. Ce n'est point
parce qu'il était Bourbon qu'on l'a fait roi, mais *quoique* Bourbon, différent de ses parens, détesté par leur
parti, séparé d'eux par tout ce que la révolution avait
d'anthipatique avec la restauration, animé de sentimens
nationaux qui étaient les nôtres : voilà ce qui a fait que
le choix s'est porté sur le duc d'Orléans (Bravo ! bravo !
oui ! oui !). Au lieu d'une dynastie imposée, vous avez un
gouvernement nouveau, vous avez un gouvernement fondé
sur un pacte social librement débattu, librement arrêté,
librement juré, d'abord par le chef du gouvernement, en-
suite par nous.

« C'est à ce changement que nous devons d'être délivrés
d'un gouvernement imposé par l'étranger et qui sans l'é-
tranger n'aurait jamais pesé sur la France ; d'un gouvernement réactionnaire, vindicatif, sanguinaire, qui avait
proscrit nos gloires nationales et qui avait voulu gouverner par l'émigration et par les prêtres.

« Nous avons à sa place le gouvernement de 1830, avec
les améliorations vainement désirées pendant quinze ans
et fort étendues depuis par des améliorations que vous
étendez chaque jour. Ainsi nous avons la liberté consti-

tutionnelle et les conséquences d'un gouvernement repré-sentatif : sachons les conserver.

« Pour ma part, messieurs, j'y travaillerai de tout mon pouvoir, parce que je comprends que la principale question est dans la stabilité de nos institutions, dans notre union à les défendre, dans notre sagesse à les conserver. Avec l'union tout nous est possible, sans cela tout nous est difficile, pour ne pas dire impossible (Très bien, très bien). »

Un ministre. « Messieurs, quel est le but que poursuit le gouvernement avec le dernier degré de franchise? la monarchie représentative. Nous la poursuivons franche-ment, sincèrement, convaincus que nous sommes que c'est le seul gouvernement qui convienne à la France, et nous nous fondons sur trois exemples que nous regardons comme démonstratifs, sur trois expériences qui ont été faites dans ces quarante dernières années.

« On a essayé de la république, du pouvoir militaire sous l'empire, de la monarchie représentative que nous poursuivons aussi, mais on l'a essayée avec le droit divin, le jésuitisme et l'étranger.

« La république n'a pas réussi, l'empire a été un acci-dent dont le retour est impossible ; la monarchie repré-sentative appuyée sur le droit divin, sur l'étranger, a été convaincue de fausseté et de mensonge ; elle n'a pu se maintenir. Nous essayons maintenant la véritable monar-chie représentative, et dans cette ère nouvelle nous se-rons plus heureux, car jamais aucun des organes du gou-vernement ni aucun de ses amis n'a mis en doute le grand principe du gouvernement nouveau, l'engagement réciproque.

« Il n'y a personne qui pense que la charte puisse être aujourd'hui retirée ; personne ne peut nous accuser de nous appuyer sur l'émigration : elle nous attaque ; personne ne peut croire que nous nous appuyons sur l'étranger, car on nous répète tous les jours qu'il nous menace d'une coalition. Nous nous appuyons donc sur la nation qui comprend que nous agissons dans son intérêt et que, par cette raison, nous avons toujours trouvée prête à répondre à l'appel du gouvernement (Très bien, très bien). »

Maintenant je suis satisfait, j'en ai vu assez pour me convaincre et savoir où je dois désormais placer ma confiance. Vous pouvez vous parer de beaux dehors, exhaler de faux semblans de patriotisme, organes du mécontentement, je ne serai plus pris à vos fastueuses paroles, à vos rodomontades de liberté; tout cela est, à tout jamais, usé pour moi et pour bien d'autres qui n'ont pas eu besoin du même secours pour vous démasquer.

Mais comme il existe malheureusement encore bien des dupes, je vais aller commander bon nombre de lorgnons politiques, afin de **rendre la vue** à de pauvres gens que vous êtes parvenus à aveugler avec la poussière libérale que vous semez à flots autour de vous. Heureux si je puis contribuer pour quelque chose à diminuer l'influence fatale que vous exercez encore sur une masse beaucoup trop nombreuse !

FIN.